Introducing Kafka

Text copyright © David Zane Mairowitz, 1993, 2023

Illustrations copyright © Robert Crumb, 1993, 2023

图画通识丛书
A Graphic Guide

卡 夫 卡

Introducing Kafka

[英]大卫·梅罗维茨(David Mairowitz)/ 文
[美]罗伯特·克拉姆(Robert Crumb)/ 图
黄悦 / 译

Simplified Chinese Copyright © 2024 by SDX Joint Publishing Company.
All Rights Reserved.
本作品简体中文版权由生活・读书・新知三联书店所有。
未经许可，不得翻印。

图书在版编目（CIP）数据

卡夫卡 /（英）大卫・梅罗维茨文；（美）罗伯特・克拉姆图；黄悦译. -- 北京：生活・读书・新知三联书店，2024.11. --（图画通识丛书）. -- ISBN 978-7-108-07930-5

Ⅰ. K835.215.6
中国国家版本馆 CIP 数据核字第 2024F4073Z 号

责任编辑	李静韬
装帧设计	张　红　康　健
责任校对	陈　格
责任印制	李思佳
出版发行	生活・讀書・新知 三联书店
	（北京市东城区美术馆东街 22 号 100010）
网　　址	www.sdxjpc.com
经　　销	新华书店
印　　刷	北京隆昌伟业印刷有限公司
版　　次	2024 年 11 月北京第 1 版
	2024 年 11 月北京第 1 次印刷
开　　本	787 毫米 × 1092 毫米　1/32　印张 5.75
字　　数	50 千字　图 174 幅
印　　数	0,001－5,000 册
定　　价	39.00 元

（印装查询：01064002715；邮购查询：01084010542）

在一生大半的时间里，弗兰茨·卡夫卡不断想象着自己的死亡，仔仔细细地描绘了几十种死法。他在日记里除了和普通人一样抱怨便秘和偏头痛之类，还记录了极为惊悚的一些死亡方式。

"一根绳子勒在我脖子上，把我从一幢房子的一楼窗户拖了进去，然后像是被某个心不在焉、不管死活的人猛拽着一路向上，血淋淋地，皮开肉绽地穿过一层层楼板、家具、墙壁、阁楼，直到挂穿屋瓦，最后残存的一点点我从绳套里掉出来，摊在屋顶上。"

卡夫卡把这种内在的、有时在甜蜜中被唤起的恐惧，都转化为外在呈现的故事，并将残破的、被撕裂的自己安置在故事的中心——这就是他的**小说创作**。在他的作品中，没有要向读者传递的明确的世界观，没有指导性的思想理念，只有迷乱的故事反映出他异常敏锐的潜意识。读者最多只是感觉到有一种神秘的、难以明确定义的情绪，在他的文字间贯穿始终。为此，现代文明社会的"屠夫们"把卡夫卡变成了一个**形容词**。

在我们这个时代，或者说自莎士比亚以来，没有哪位作家像卡夫卡一样，被这么多人过度解读，贴上标签。让-保罗·萨特把他归类为存在主义者，加缪认为他是荒诞派作家，因为他的编辑及**终生挚友**马克斯·布罗德所做的工作，几代学者都相信这些寓言故事融合了卡夫卡的内心探索——他在苦苦寻找一位永远无法触及的神。

权力机构的高不可攀，是他的小说《审判》和《城堡》的一个主题，所以英语里因他而诞生的一个词——Kafkaesque（卡夫卡式），常被用来形容奥匈帝国留给西方世界的冰冷的基本官僚体系。这个形容词在当今的使用频率高得出奇，人们把它与阴郁绝望的意象牢牢地绑定在一起，完全忽略了巧妙融合在卡夫卡大部分作品中的犹太式幽默。

在化身为形容词之前,弗兰茨·卡夫卡(1883—1924)是布拉格的一名犹太人。讲故事的人和奇幻的作品,犹太聚居区和永恒的流亡者——这一切构成了独特的城市传统,卡夫卡就降生在这种无可逃避的历史氛围中。他的布拉格是"一位有爪子的小母亲",让他感到窒息。尽管如此,除了人生最后的八个月,他一直生活在这里。

在卡夫卡出生的1883年,布拉格还属于哈布斯堡王朝统治下的波希米亚,多个民族、多种语言、各种政治观点及社会主张在这座城市里混杂共存。像卡夫卡这样的人——生在捷克,讲德语,不完全是捷克人,也不完全是德意志人——很难形成明确的文化认同。

在这种社会环境下,犹太人的日子过得如履薄冰。他们大都认同德意志文化,却生活在捷克人当中。他们讲德语,因为德语与意第绪语相近,而且是哈布斯堡王朝的官方语言。此时捷克民族主义情绪日渐高涨,开始对抗德意志权威,德意志人则是普遍看不起捷克人。当然,另外还有一点:**所有人**都讨厌犹太人。

其中也包括很多被"同化"了的犹太人,比如卡夫卡的父亲,他们想忘掉自己的外乡人身份,不希望再跟波兰或俄国的那些穷亲戚,即"东欧犹太人"有瓜葛。很多家境较好的犹太人后来都成了犹太复国主义者,学习使用希伯来语,抛弃了他们认为"不纯"的意第绪语。

1897年,西奥多·赫茨尔发起犹太复国主义运动,这些复国主义者认为散落在全球各地的犹太人应在巴勒斯坦重新建立起自己的家园。当时各地的民族主义运动兴起,反犹太主义蔓延,早期犹太复国主义运动在这种情况下可以说是一股保护力量,因而吸引了大批卡夫卡那个时代的犹太人。

卡夫卡在欧洲最古老的一个犹太社区长大，犹太群体的这些抗争对他来说是生活的常态。

我的整个人生都被圈在这个小圈子里。

卡夫卡的"小圈子"被称作约瑟夫城，一片曲折交错的幽暗街巷从布拉格的旧城广场，一直延伸到伏尔塔瓦河上著名的查理大桥。卡夫卡年少的时候，这片拥挤的城区有六座犹太教堂，还有漂亮的巴洛克建筑，它们俯瞰着老鼠横行的贫民窟。

穿行在街巷间,他的脚下是七百年来当地智者的遗骨和灵魂,有犹太教潜修者、哈西德派学者、神秘的卡巴拉信徒、天文学家、占星师和狂热的拉比等等,他们在世的时候极少获准离开这里,或是在犹太区以外的地方生活。

一些被载入《塔木德》的圣人就居住在这时的布拉格,其中最著名的莫过于拉比犹大·勒夫·本·比撒列(1512—1609),人们也称他马哈拉尔(意为"最受尊敬的导师和拉比"),在16世纪,他是犹太区的最高圣人及精神领袖。作为哲学家、天文学家、自然科学家和占星家,勒夫是文艺复兴时期人文主义者的典型代表。

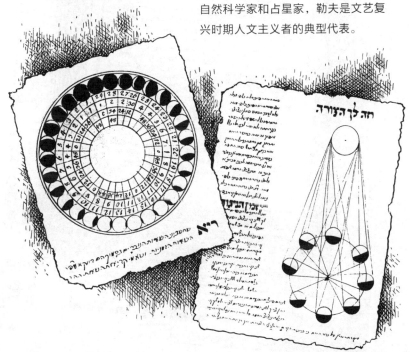

勒夫拉比1578年所著书籍的扉页

马哈拉尔有两种相互对立且一直在尝试调和的理论：他认为有一种"横向的"或者说"人类的"力量，在对抗另一种力量时表现为科学、创造力、宽容和质疑；另一种力量则是"纵向的"上帝的绝对力量，一种将人类贬至卑微如尘土的力量。身为犹太学者，他由这种对立想到一些问题，进而引发了更多思考，而这正是犹太智慧的核心。

另有传言说，马哈拉尔还涉足禁忌领域，比如不为外人所知的卡巴拉，即犹太神秘主义的精髓，主要以象征性表述传递其思想。这是极少数顶尖学者才有资格踏入的研究领域。在卡巴拉教义中，希伯来语的字母蕴含着魔力。卡巴拉研究专家格肖姆·舒勒姆认为，文字的这种神秘脉动如今几乎已消失殆尽，"但是在弗兰茨·卡夫卡的作品中依然展现出一股巨大的力量"。

普通人接触不到的卡巴拉经文，被融入最著名的布拉格传说。不管是真是假，总之，这是一个与勒夫拉比密切相关的故事……

泥巴人

泥巴人可以说是犹太版本的科学怪人弗兰肯斯坦，这是一个泥巴塑成的人，由创造者赋予生命，拥有强大的力量，但只能在限定的范围内施展他的神力。故事讲道，泥巴人还是一堆泥巴时，勒夫拉比在他的额头写下希伯来词语 *EMETH*（真相），为他注入了生命。

泥巴人由此成了犹太区的仆人和守卫者。不过,安息日是不允许工作的日子,所以每到礼拜五夜里,勒夫拉比都必须把泥巴人额头上的第一个字母抹掉,留下后面的字母,也就是希伯来语的 METH(死亡)。然而,有一个礼拜六,拉比忘了这件事……

勒夫拉比说：

不要忘记这件事，要把它当作一个教训。即使是最无可挑剔的泥巴人，他为保护我们而生，也可能说变就变，成为毁灭之力。所以，要谨慎面对强者，正如我们俯下身，耐心友善地对待弱者。万事万物都有属于自己的时机和位置。

这还不是泥巴人的最终结局。据说化作泥巴的他被放在布拉格犹太区最诡秘的一座建筑——老新（Altheu）犹太会堂的阁楼里，不复存在的巨人就在那里长眠至今，而那个房间的门已被永世封闭。

卡夫卡从来不是一个积极祈祷的虔诚犹太教徒，也很少在作品中提及犹太区的传说，但是生在那个年代、那种环境下，他不可能避开这些传说在犹太男孩心中烙下的集体记忆。

虽说"卡夫卡式"这个形容词也有同样的含义,布拉格犹太区在文学作品中"阴沉诡秘"的形象,却并非仅仅出自卡夫卡的手笔,而是源自一个不长住本地,也不是犹太教徒的人,古斯塔夫·梅林克。他的小说《泥人》(1913年)是一部夸张的庸俗作品,描述了谋杀和阴谋,以及散发着霉味的幽暗小巷,泥人被塑造成一个恐怖的角色,每隔33年出现一次。"埋伏,等待……等待,埋伏……这是泥人永恒不变的可怕习惯。"

不过,这本书也为1906年被拆除的那部分犹太区留下了一份记录,那里也是卡夫卡成长的地方。

在梅林克看来,布拉格的犹太区是一个"邪恶的地下世界,一个苦闷的地方,一个破破烂烂、幽灵似的城区,它被拆除,似乎正是因为它的阴森诡异"。

然而城区"环境卫生"清理计划开始实施后,许多贫穷的犹太人拒绝离开。墙被拆掉了,他们转头就在原处竖起了铁丝网。

卡夫卡后来把犹太区称作"我的牢房——我的堡垒"。

1882年,赫尔曼·卡夫卡开了一家精品店。店开在采莱特纳街,就在犹太区的外面。赫尔曼生在赤贫人家,全靠自己努力才有了这份家业。他花了不少心思与犹太群体保持距离,甚至对外宣称自己一家是捷克人。但这并不妨碍他让儿子行受诫礼,而且每年都要做做样子,拽着儿子一起去犹太会堂两三次。

还是孩子的弗兰茨觉得,这种时刻就像"地狱为日后的办公室生活勾勒的草图"。

对于自己的犹太出身,卡夫卡的态度一直很含糊,唯一的例外是在生命临近尾声的时候,当时他真心希望逃到巴勒斯坦去。虽然有评论家认为他们发现了一些迹象,但实际上他几乎没有表露过对犹太教这种宗教(或者说对宗教本身)有任何兴趣。不过,他作为知识分子,的确对哈西德运动表现出浓厚的兴趣。

现代哈西德运动始于 18 世纪的波兰,创始人巴尔 - 舍姆 - 托夫呼唤精神生活的复兴,不仅是祷告,同时还要借助歌唱、舞蹈和极致的喜悦实现这一目标。

哈西德教义中的神秘主义、反理性的一面深深吸引着卡夫卡,也对他的写作产生了影响。根据教义,尘世的现实与非尘世的现实融为一体,在日常生活的细微之处可以发现潜修的价值,上帝无处不在,随时可以与他沟通。

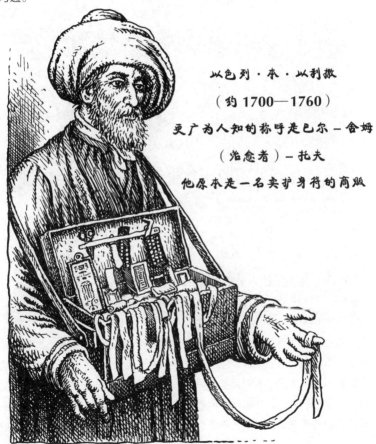

以色列·本·以利撒

(约 1700—1760)

更广为人知的称呼是巴尔 - 舍姆(治愈者) - 托夫

他原本是一名卖护身符的商贩

卡夫卡极少在作品中明确提到犹太教。周边环境在他身上留下了什么痕迹，他似乎也不大对人谈起。但有一件事无疑对他影响很深：一个意第绪语小剧团从波兰来到了布拉格。

布拉格的"西欧犹太人"不想看那种夸张的 Schmalz（感伤的犹太情节剧，本义为"油脂"或"脂肪"），不想看到犹太区的生活赤裸裸地再现于眼前，所以大多数人对那些意第绪语演员不理不睬。卡夫卡却是几乎每晚都去看他们演出，并开始了解他们的传统习俗，且对意第绪语产生了兴趣。即使情节简单得一眼就能看透，卡夫卡还是为剧目和故事的神话内涵着迷。

世纪之交,在布拉格出生和成长的犹太男孩,不可能感受不到自己身边弥漫着一种对犹太人的极端憎恨。

犹太区在外人眼里是一个"神秘的"地方,于是人们把种种恐怖臆想,包括吸人血等,全都归到了犹太人头上。

当时，东欧各地的反犹太传说中，流传最广的莫过于……

杀人祭神！

传言说犹太人在做无酵饼（一种不加酵母的薄面饼，主要在逾越节食用）时，不用水，而是用基督教徒的血来和面。

1899年4月（卡夫卡当时16岁），逾越节前后，一名信奉基督教的19岁女孩在波希米亚遭人割喉，不幸惨死。立时有人鼓噪，说她被"做成了犹太洁食"（即符合犹太教规的食物）。在没有证据的情况下，一位名叫利奥波德·希尔斯纳的犹太鞋匠被指控为凶手，随即匆匆被送上法庭，判处了死刑，后来改判为终身监禁。卡夫卡的祖父是做洁食的屠夫，关于活人祭的闹剧想必让他有所触动。

希尔斯纳

但对于他和他的家人，希尔斯纳事件更直接的影响是一波抵制犹太人的浪潮，以及伴随而来的反犹太骚乱，犹太人开的店铺也遭到了攻击。

弗兰茨·卡夫卡从来没有因为他是犹太人，甚至仅仅因为他的犹太长相而被骚扰或在街上被打。尽管如此，无论他多么努力地远离人群，把这些事屏蔽在自己的生活圈以外，他还是和大多数犹太人一样，无法理性地从犹太人的共同命运中解脱出来。

> 我和犹太人有什么共同点呢？我甚至和我自己没有任何共同点！

……虽是自嘲，这却恰恰就是他与犹太人的共同点！

正如所有被同化的犹太人一样，他不由自主被"同化"的一点就是，在一定程度上产生了"正常的反犹太思想"。那个时代（或者说任何时代）的大多数犹太人在反犹太氛围的日常浸染下，吸纳了这种情绪，继而把矛头向内，对准自己。卡夫卡也不例外，也会陷入犹太人的自我厌恶……

> 有时我真想把所有犹太人（包括我自己）全部塞进洗衣箱的抽屉里……然后再打开看看他们是不是都闷死了……

不过，犹太人的自我厌恶再深切，早晚还是会掉过头来拿自己开玩笑。在卡夫卡身上，黑暗的忧郁和滑稽的自嘲几乎每时每刻都在相互角力。"卡夫卡式"文字中往往包含着恐惧和极度的苦痛，然而卡夫卡笔下的故事不论多么阴沉，却又总是让人感觉……**好笑**。

熟悉卡夫卡的人都觉得，他仿佛住在一道"玻璃幕墙"后面。他也与人来往，带着微笑，态度和善，耐心听别人说话，真心对待朋友，可是，不知为什么，同时又让人无法靠近。他被各种精神障碍困扰，却在人前成功塑造了一个疏离、优雅、安静，有时甚至是带着**圣洁**气质的形象。

他很怕人，但他能把这份恐惧藏在心里，自己承受，而不是让带给他恐惧的人承受。这一点在他的所有作品中都有体现，在他与这个人的关系中更是体现得最为明显……

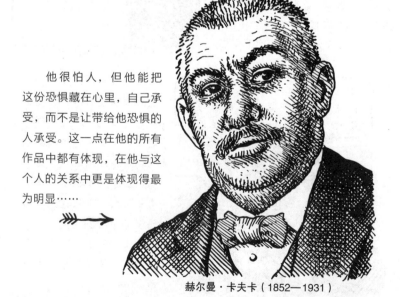

赫尔曼·卡夫卡（1852—1931）

卡夫卡几乎一辈子与父母住在一起（在他有了足够的经济条件，能搬出去的时候依然如此），一家人挤在狭小的空间里生活，对噪声的极度敏感，让他每一天都在经受考验。在高大魁梧的老卡夫卡看来，儿子是失败的作品，是一个 Schlemiel（没用的笨蛋），这让他失望透顶。这些话，他从来不在乎说给儿子听。

吃晚饭的时候……

卡夫卡一生敬畏强权，他的小说《审判》和《城堡》是两个著名的例子，而这份敬畏之心的源头就是赫尔曼·卡夫卡。他对学校的老师又怕又恨，但认为他们是"值得尊敬的人"，值得尊敬的唯一理由就是他们手握权力。

但是，他从来没有反抗过。他的内心恐惧转化成了一种自卑意识、一种精神疾病。每一次与权力机构发生不愉快的事，他都把自己判定为有罪的一方。而且，正如主人与奴隶、殖民者与被殖民者之间的典型关系，**他开始以父亲的目光来审视自己。**

* 小说节选摘自杨劲译本。略有改动。——译注（下同）

卡夫卡不止一次在作品中**判处自己死刑**。他只能这样。自杀是不可能的。

等待死亡降临的过程过于漫长。对卡夫卡来说，他还有一个选择：让自己**消失**。

这一主题有很多不同的呈现方式，但是都有一个共同点——他总是在想办法把自己变小。这是一种违背自然的生存方式。他把自己看作是一个物件——比如一个木头衣架，摆在房间中央。

或者："如果为我的存在画一幅画……那是一根被积雪覆盖的没用的木桩……在一个漆黑的冬夜，一大片开阔地的边上，歪歪斜斜地插在一块耕地里。"

卡夫卡与他的国家、他身处的环境和他的家庭格格不入，就连自己的身体也让他感觉陌生。从很小的时候开始，羞耻心就时刻伴随着他。

他也很在意犹太人在世人刻板印象里的缺陷：膝外翻、瘦弱、怯懦，要靠头脑弥补体格的不足。成年以后，卡夫卡尝试过几十种"卫生"计划、饮食方案、健身课程等，努力想要扭转这种形象。

另一方面，他的身体其实并没有那么羸弱。他能在伏尔塔瓦河冬泳，能在山里长距离徒步，能骑马出行。朋友们对他的形容更是与他的自我感觉相反，大家常说他有一种精致的优雅，外表讲究，甚至有点唐璜的气质。

然而事实撼动不了固执的观念。他从小对身体缺乏自信，这个根深蒂固的念头，伴随了他一生。

这一点无疑也表现在**两性**方面。大概除了偶尔光顾遍布布拉格的妓院,这件事始终让他觉得不自在。

在他眼里,自己的这具躯体太瘦弱,像竹竿,不优美,很碍眼,而且总是很碍事——到底能拿它怎么办呢?应该把它变小,让它挨饿,把它藏起来,或者干脆变成某种动物,最好是肚皮贴地的某种动物,能快速溜走,不会太煞风景。

"一天清早,格里高尔·萨姆沙从一串不安的梦中醒来时,发现自己在床上变成一只硕大的虫子。"*

这也许是现代文学史上最著名的开篇,由此开启了卡夫卡的代表作:

《变形记》

FRANZ KAFKA
DIE VERWANDLUNG

"Als Gregor Samsa eines Morgens aus unruhigen Träumen erwachte, fand er sich in seinem Bett zu einem ungeheueren Ungeziefer verwandelt."

DER JÜNGSTE TAG · 22/23
KURT WOLFF VERLAG · LEIPZIG
1916

*节选摘自谢莹莹译本。

萨姆沙是一名旅行用品推销员,他是家里的顶梁柱。由他养家,他的父亲得以退休,他的妹妹将有机会去音乐学院学小提琴。

公司的全权代理来到他家,因为有生以来第一次,格里高尔上班迟到了。结果代理和他的家人一起,首次目睹了他的变身。

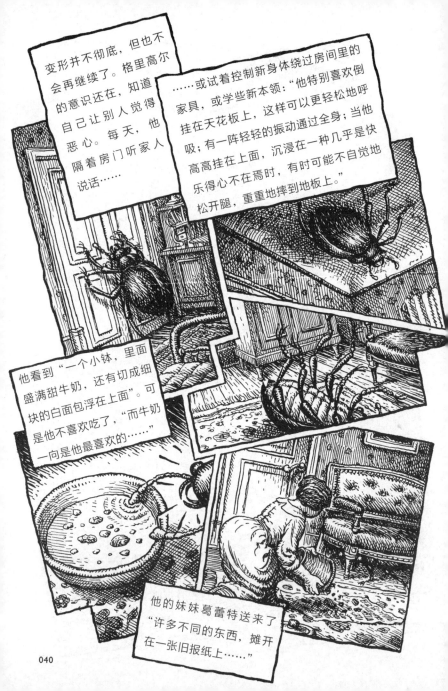

有半腐烂的不新鲜蔬菜；有晚餐剩下的肉骨头……有一块奶酪，就是两天前格里高尔说"它"已不能吃的那块……

格里高尔唯一的愿望，就是竭尽全力帮家人忘掉这场让他们陷入绝境的灾难……每次听到家人谈起需要去赚钱时，他就满心羞愧和难过……

格里高尔的世界无疑是变了。他的视力开始衰退,已经认不出窗外的街道,现在他望出去,"见到的是一片灰蒙蒙天地不分的荒漠"。

最紧迫的问题,是要想办法不让妹妹看见他:"有一天他用背驮了一张床单到长沙发上去,把它弄得可以将他整个遮住。"

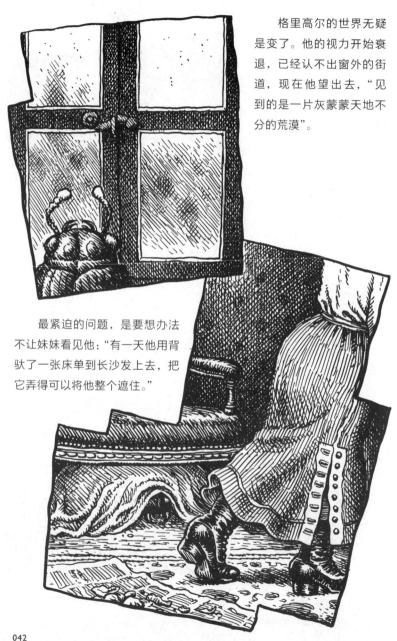

葛蕾特想把房间里的家具全都搬出去，免得妨碍格里高尔活动。不过，她一个人没法完成这件事。

来吧，看不见他的……

"她们搬走了所有格里高尔喜爱的东西……他抬起头，看见墙上挂着那张穿皮衣的女士像，那是他从杂志里剪下来，并亲手镶了框。他不允许任何人动这张画。"

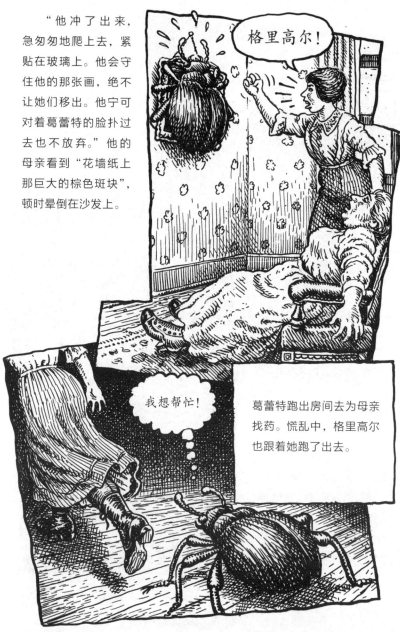

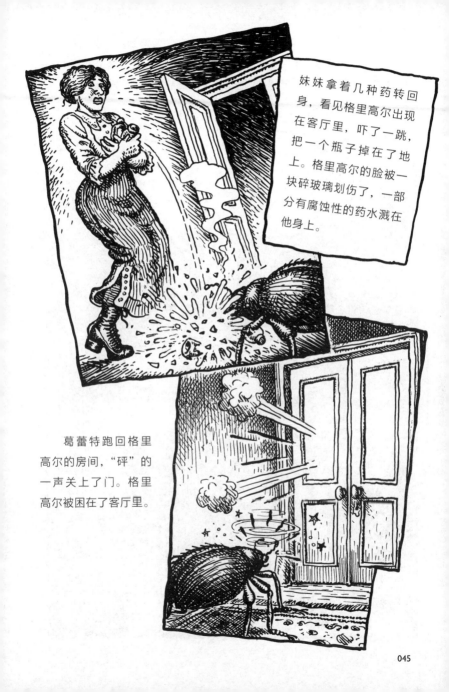

妹妹拿着几种药转回身,看见格里高尔出现在客厅里,吓了一跳,把一个瓶子掉在了地上。格里高尔的脸被一块碎玻璃划伤了,一部分有腐蚀性的药水溅在他身上。

葛蕾特跑回格里高尔的房间,"砰"的一声关上了门。格里高尔被困在了客厅里。

有那么几分钟，屋里一片寂静。然后，被迫重新出门工作的父亲回来了。格里高尔要先想办法平息他的怒火。

他匆匆爬到自己房间的门旁，身体紧贴着门，让大家看到他愿意安安静静地回到房间去。

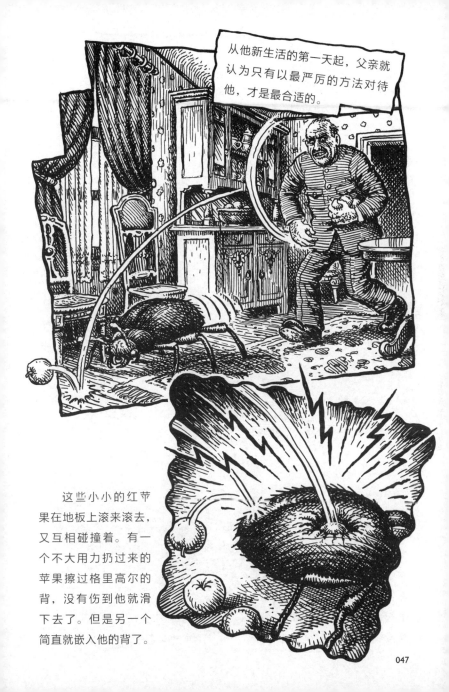

家里少了格里高尔赚钱负担开销,不得不出租房间给三位房客。这三位正派的绅士十分注重整洁,于是多余的家具和杂物都被塞进了格里高尔的房间。

一天晚上,三位房客请葛蕾特为他们演奏小提琴。

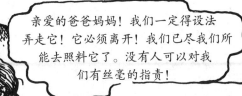

"亲爱的爸爸妈妈!我们一定得设法弄走它!它必须离开!我们已尽我们所能去照料它了。没有人可以对我们有丝毫的指责!"

"我们只有设法不去想它是格里高尔。如果它是格里高尔,就会自动走掉……但是像现在这样,这只动物在折磨我们!"

"她说得很对……"

他满怀感动和爱意地回想着家人。他认为自己应该消失,这想法很可能比妹妹还坚决……他处在这种茫然而平静的沉思之中,直到钟楼的钟敲响三下。窗外破晓的天色他还依稀看到了一点,接着他的头就不知不觉地垂了下去,他的鼻孔无力地呼出最后一口气。

摆脱了"那东西",一家人仿佛获得了新生。他们坐上电车到郊外去。世界恢复了往日的和谐。

萨姆沙夫妇忽然惊讶地注意到女儿如此活泼……虽然最近经历了不幸,但她已出落成一个丰满而美丽的少女。

电车到达目的地时,他们的女儿第一个站起来,舒展了一下她那年轻的身体,在他们看来,这是对他们新的梦想的一种肯定……

卡夫卡不想让世人看到这只虫子。小说第一次出版前，他写信给出版商库尔特·沃尔夫，谈到书的封面时他说，"不要虫子，什么都可以，就是不要虫子！千万不要画出虫子。哪怕是远处的样子也不行"。他也许是想以此淡化变形的恐怖。或者，更有可能是因为他自身的迷茫，他无法在身体的人类形态与昆虫形态之间清晰地画下一道分界线。

另一方面，格里高尔·萨姆沙的变形并不是一个奇迹，主人公甚至没有特别惊讶。事情就这么发生了，他没有别的选择，只能想办法适应。在这个伟大的寓言故事中，最关键的部分不是格里高尔的磨难，而是他无意间让双亲和妹妹承受的一切，如镜像般映照出卡夫卡自己与家人相处时的无措。（对萨姆沙住宅的描述，很像卡夫卡在尼古拉街的公寓。）

卡夫卡从未放弃过变身成动物的念头。他极怕老鼠，但总体而言，他偏爱那些能爬、能快速溜走的动物。不过，其他"变形记"都不会像格里高尔·萨姆沙的经历这样引起强烈的心理不适。很少有人谈起卡夫卡其实擅长创作动物题材的故事，而且是站在动物的角度讲故事。

在后来的作品中，卡夫卡曾把自己变成一只狗（《一只狗的研究》），一只多少有了人性的猴子（《一份致某科学院的报告》），一只会唱歌的老鼠（《女歌手约瑟芬》），等等。

他笔下的动物中,最不同寻常、感官最敏锐的应该说是那只鼹鼠似的动物了,它出自一个足以引发幽闭恐惧症的故事……

正式投入写作之后,卡夫卡设想过一个与世隔绝的完美工作环境:那是一间封闭的地下室,食物由人送过来,放在离他最远的一扇门外,他走几步路就能取过来。吃过饭,他再回到没有人际往来拖累的创作中。在卡夫卡很少见地采用第一人称撰写的小说《地洞》里,"我"就住在这样的环境里。他为自己建造了一个地洞,里面有交错的通道,储备了成堆的肉食,如堡垒般宁静。

我的地洞的最大优点是宁静。说不定什么时候突然中断……不过就目前来说，我可以在我的通道里踮着脚跟走好几个钟头，有时听到个把小动物的声音，不一会儿这小动物也就在我的牙齿间安静下来了。*

但同时，地洞里也隐藏着敌人，卡夫卡永远有一种灾祸临头的不安……

威胁我的不仅有外面的敌人，地底下也有这样的敌人。我虽没见过，但传说中讲到它们，我是坚信不疑的……

它们就在你站立的地底下——它们生活的世界——当你听到它们的爪子发出抓东西的响声时，你就没救了。

有一个这样的"敌人"似乎发现了他。主人公听到了墙里传来它的声音，认为自己必死无疑。他会被困住，会被撕碎（对他来说不稀奇），而他现在已无力抵抗。但是到最后，他又疑惑了，不确定那动物是不是真的知道他在这里。

* 小说节选摘自叶廷芳译本。

事实上，卡夫卡想过几十种除掉自己的方式，直到肺结核真的要除掉他，那时候，很有可能，他终于开始想要活下去。

卡夫卡不是一般的、普通的臆想症患者，他将自己纠结的人生形容为一种病，这不仅是种单纯的比喻，而且更是他刻意与他的家庭，当然也是与他自己保持距离的手段之一。他和很多人一样，不舒服的时候就觉得输送食物的那条管道出了问题，说"胃和嘴之间的连接"裂开了。等到这种似乎是犹太人中常见的溃疡不再闹了，压力转而上移，变成了无法忍受的头痛。

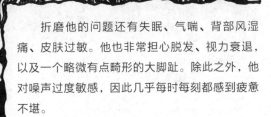

折磨他的问题还有失眠、气喘、背部风湿痛、皮肤过敏。他也非常担心脱发、视力衰退，以及一个略微有点畸形的大脚趾。除此之外，他对噪声过度敏感，因此几乎每时每刻都感到疲惫不堪。

他与身上的病症缠斗了一辈子,为此尝试过各种自然疗法和康复治疗,其中大部分是从当时备受推崇的一些中欧疗养院学来的。他还在那里学会了穆勒体操——在敞开的窗前做的一种健身操——并坚持做了很多年。

很多疗养院要求客人必须赤裸身体。不过,有一个人例外:

卡夫卡——做犹太洁食的屠夫的孙子——还成了一名素食者，说吃肉让他觉得自己"像一个怪物，躺在床上感觉很恶心"。

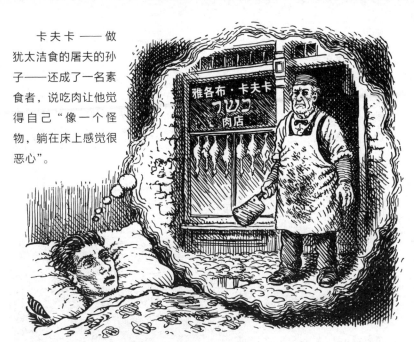

家人吃炸肉排和酸焖牛肉的时候，他的食物主要是蔬菜、坚果和水果。这已经让赫尔曼·卡夫卡很恼火了，他还火上浇油，发现了一种新疗法——一个名叫霍勒斯·弗莱彻的美国人提出，**咀嚼法**是治疗所有疾病的万灵药。每一口食物都必须咀嚼十次以上。

关于卡夫卡作为犹太人的自卑心理,到底是不是造成他缺乏自信、讨厌自己身体的一个原因,这个问题还存在争议。在他周围,犹太复国主义思潮涌动,包括马克斯·布罗德在内的一些亲密好友纷纷投身于这场运动,而他也非常积极地响应了当时强身健体的号召。1912年,卡夫卡每期必看的犹太复国主义杂志《自我防御》曾发文怒斥,所谓"我们犹太人偏重脑力……我们过度神经质,体格瘦弱……这些都是犹太区生活的后遗症"。

> 在这个宣扬种族卫生和优生学的时代,我们绝不能因为注重头脑而忽视了身体!塑造一个男子汉的关键不是他的嘴,不是他的脑子,也不是他的品德,而是他的自制力!我们强烈要求犹太人拿出男子气概来!

这听起来与某些强调"讲纪律、有男子气"的邪恶群体没有太大差别。

身体上的**病痛**不足以让卡夫卡忘掉来自父亲的精神压迫。为摆脱这份难以忍受的压力,从1912年到第一次世界大战结束,他一直在考虑另一种"逃离"的可行性,一度认为自己会乐意**结婚**,建立自己的家庭。

没有娶妻的男人不是男人。

塔木德

第一个被他这种错觉拖累的,也是与他交往时间最长的女子,名叫菲莉斯·鲍尔(1887—1960)。1912年至1917年间,两人两次订婚,又两次解除婚约。卡夫卡最初对她的描述是她的"骨感、空洞的脸,清清楚楚地呈现出空洞"。他只见了菲莉斯一面,短短几个小时,就决定要——用他的追求方式——"赢得"她的芳心。

卡夫卡写给她的信数量惊人，从中可以明显看出，菲莉斯成了一面空白的墙，他在那上面急匆匆地时而写下、时而抹去他对婚姻的固执想法。他的海量信件累积成了一份文字记录，其内容的庞杂深奥不亚于他后来创作的任何一部小说。

卡夫卡一生认真地与四位女性交往过，与其中三位——菲莉斯·鲍尔、格蕾特·布洛赫和米莱娜·耶申斯卡——几乎完全通过书信交流。"写信这件事，"他后来曾说，"其实是与幽灵的交流，不只是收信人的幽灵，还有写信人自己的幽灵，它们游荡在信件的字里行间……写在信里的吻永远无法送达，因为半途就被这些幽灵吸走了。"

菲莉斯在柏林工作生活,与布拉格之间只有六小时火车车程的距离,但这段距离足以让卡夫卡安心。毫无疑问,假如她住在布拉格,两人根本不会交往。

总之,从第二封信开始,卡夫卡就不断讲述自己的"病情",举出无数例子表明自己配不上她,由此在追求她的同时为日后的退场埋下了伏笔。

毕竟你是个姑娘,你需要一个男人,而不是一条蚯蚓。

在书信往来的五年里,两人实际见面的时间加起来总共只有几周。有一次,卡夫卡的表已有三个月保持着快一个半小时的状态,他觉得这样挺好。结果两人见面时,她把表调到了"正确"的时间,这让他很难过。

在难得的某次见面时,他们似乎有过"昆虫的那种病",但是看样子卡夫卡并没有因此产生继续下去的欲望。他试图借助婚姻摆脱父亲,但到了 1917 年 8 月,在努力五年之后,他亟须把自己从婚姻中解救出来。在当时一篇支离破碎的日记中,他写道:

> 走开,别缠着我!走开,别缠着我!
> 我一路走在街上,一遍遍不停地大喊,
> 而她一次又一次抓住我,一次又一次,
> 海妖那两只带爪子的手抓在我身侧,
> 或越过我的肩膀抓在我胸前。

在这之后不久,"海妖的爪子"想必是抓中了目标。卡夫卡没有勇气向菲莉斯提出彻底分手,突如其来的一次肺部出血——七年后杀死他的肺结核第一次显露征兆——帮他解决了这个难题。

当卡夫卡明确地认识到，写作是自己命里注定要做的事，"一切就都飞快地转向了那个方向"，而他身体里沾染了"性爱，吃喝，哲学，特别是音乐的一切……全都萎缩了"。对他来说，写作是逃离父亲、报复父亲的一种方式。但实际上，写作的意义当然不止这一点——也没有那么极端：

在赫尔曼·卡夫卡这样一位商人眼里，儿子在纸上乱涂乱写是天底下最浪费时间的事。对于把乱涂乱写当成自己的职业，卡夫卡却是没有半点犹豫。他并不是想靠写作赚钱。他在布拉格的查理大学读法律，拿到了博士学位，有条件在政府部门谋职。毕业后不久，他找到一份工作，一直做到人生临近终点。

他工作的地方是布拉格的波希米亚王国工人意外保险协会，这家机构不对外招聘，仅象征性地雇用了两名犹太人，卡夫卡是其中之一。这份工作对他而言是一场噩梦，但是也有好处。一方面，工作占用了宝贵的写作时间；另一方面，他因此有了稳定的收入，多少缓解了一点自卑，而且，他也在自己的决策能力范围内，为减少波希米亚的工伤事故做出了一份贡献。

过去,产业工人在工作中要面对各种可怕的事故。在卡夫卡负责的地区……

"……有人喝醉了从脚手架上掉进机器里,有人因横梁塌下来或梯子断了摔在地上。凡是放到高处的东西都可能掉下来,凡是摊开在地上的东西都可能把人绊倒。还有那些陶瓷厂的年轻姑娘,经常有人抱着一大摞盘子摔下楼梯,想想就让人头疼。"

卡夫卡在保险行业的时候，正好是社会在保险赔偿的基础上，进一步强调工作安全的年代。他天性同情弱者，曾亲自负责监督这类安全措施的实施，在木材加工等行业挽救了数百人的生命。

卡夫卡在产业状态报告中画的图，展示了容易引发事故的机器缺陷，以及因此导致的各种断指情况。

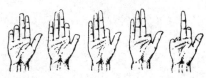

卡夫卡做这份工作也是为了安抚父亲，至少他现在只能另找理由来骂儿子是没用的废物了。

白天要上班，他只能晚上在空间局促的公寓里写作，他和父母以及三个妹妹同住，实在很难集中精神……

"我想写东西，而我的额头在一刻不停地颤抖。我坐在自己的房间里，这里是整个公寓的噪声总部。各处的门都被关得砰砰响……父亲猛地拉开我的房门，大踏步穿过房间，晨袍的下摆一路拖在地上。瓦莉像隔着巴黎大街一样在门厅大喊，问父亲的帽子是不是刷过了。大门发出嗓子哑了似的声响……终于，父亲出门了，屋里只剩下两只金丝雀相对轻柔的、令人绝望的叽叽喳喳。"

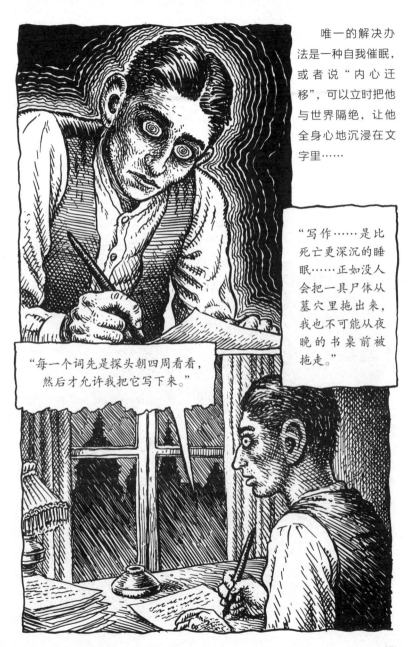

唯一的解决办法是一种自我催眠，或者说"内心迁移"，可以立时把他与世界隔绝，让他全身心地沉浸在文字里……

"写作……是比死亡更深沉的睡眠……正如没人会把一具尸体从墓穴里拖出来，我也不可能从夜晚的书桌前被拖走。"

"每一个词先是探头朝四周看看，然后才允许我把它写下来。"

1914年,在卡夫卡狂热的夜间写作背后,如果说赫尔曼·卡夫卡依然是原因之一,这个原因已远远超越一般意义上的持续的父子战争,这时有一些更重要的因素在影响着卡夫卡的写作。他在写**权力**,以及服从,以及羞辱。上层**权力**让被压迫的一方恨不能缩起来,把自己变小,伏在地上匆匆溜走。

与此同时，他的身边风潮涌动，一些事件即将把 20 世纪推上恐怖的轨道。卡夫卡一如既往，钟还没有敲响，他已知道时间。

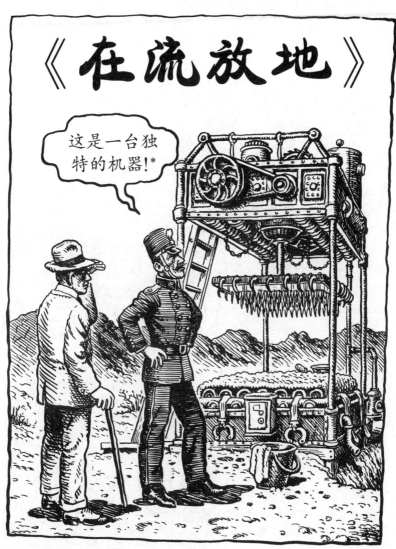

*节选摘自王炳钧译本。

一名旅行者来到殖民岛屿上的流放营地，受邀观看一场死刑，一名士兵将被处死，罪名是"侮辱及不服从上级"。这名士兵在执勤睡着的时候被逮捕，并不知道自己被判了什么刑，甚至不知道自己**已经**被判刑，根本没机会在法庭上为自己辩护。

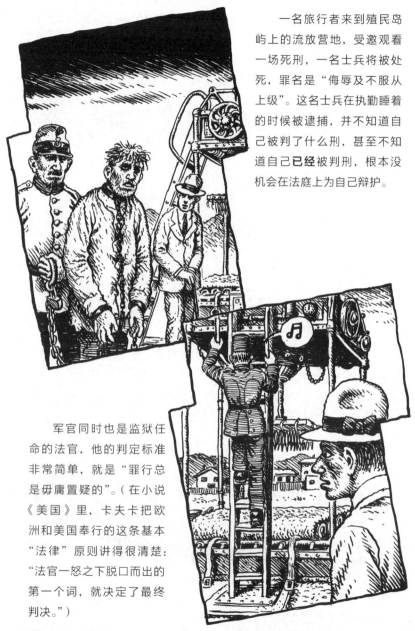

军官同时也是监狱任命的法官，他的判定标准非常简单，就是"罪行总是毋庸置疑的"。（在小说《美国》里，卡夫卡把欧洲和美国奉行的这条基本"法律"原则讲得很清楚："法官一怒之下脱口而出的第一个词，就决定了最终判决。"）

同样的程序——或者说没有程序的程序——也出现在《审判》中，但被判刑的约瑟夫·K对此提出了质疑和抗议。在这部《在流放地》中，卡夫卡还只是把茫然的羔羊送进屠宰场："被判决者看上去像狗一样顺从，似乎尽可以放他在山坡上乱跑，只要处决开始时吹声口哨，他便应声而来。"

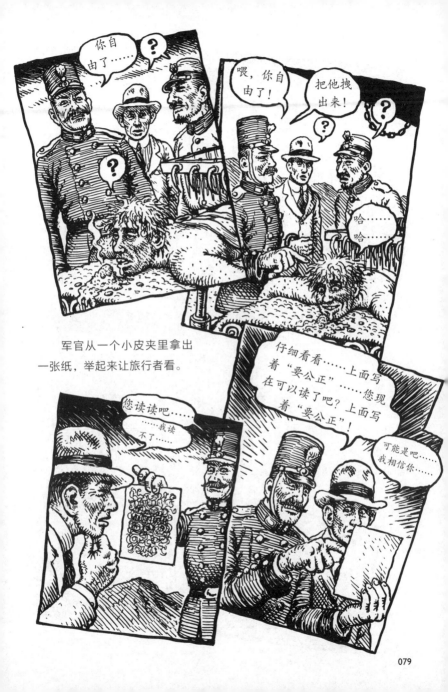

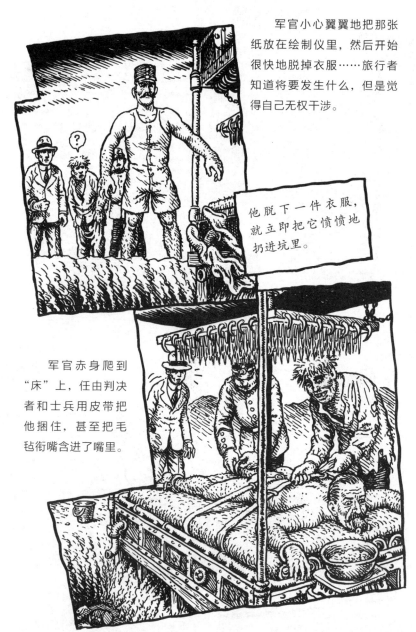

军官小心翼翼地把那张纸放在绘制仪里,然后开始很快地脱掉衣服……旅行者知道将要发生什么,但是觉得自己无权干涉。

他脱下一件衣服,就立即把它愤愤地扔进坑里。

军官赤身爬到"床"上,任由判决者和士兵用皮带把他捆住,甚至把毛毡衔嘴含进了嘴里。

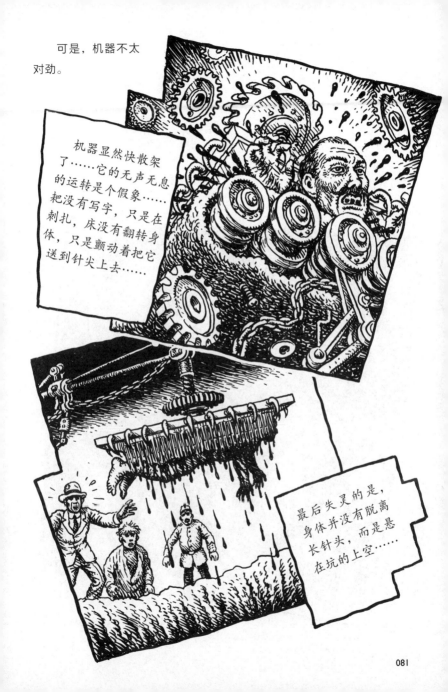

可是，机器不太对劲。

机器显然快散架了……它的无声无息的运转是个假象……耙没有写字，只是在刺扎，床没有翻转身体，只是颤动着把它送到针尖上去……

最后失灵的是，身体并没有脱离长针头，而是悬在坑的上空……

他的面容一如生前……其他人从机器中获得的解脱，军官没有得到……他双唇紧闭，眼睛睁着，目光安详，充满信念，一根大铁钉穿透了他的额头。

捷克民族主义此时也正兴起,其领导者在战争中看到了摆脱帝国压迫的机会。犹太人和过去一样,又一次被困在了夹缝里。捷克民族主义者一向排斥犹太人,认为犹太人大都讲德语,所以是站在哈布斯堡皇室一边的。

卡夫卡本人从来没有公开表明立场，他只是"讨厌打打杀杀的人，衷心祝愿他们遭遇厄运"。（他后来也曾考虑入伍，目的是逃婚！）大多数布拉格的犹太人都支持德意志人打击协约国（英国、法国、日本、俄国、比利时、塞尔维亚和黑山），仅仅十几年后，历史就和他们开了个玩笑——恩将仇报。

就在这些事件纷纷乱乱上演时，有天晚上，卡夫卡坐下来，写下了一句话，这大概可以算是现代文学史上第二经典的开场白："一天早上，约瑟夫·K莫名其妙地被逮捕了，准是有人诬陷了他。"

这本书从 1914 年开始动笔，是他最著名的一部作品，也为一般人理解的"卡夫卡式"风格奠定了基础。小说突出呈现了"夜间写作者卡夫卡"的几个特点：精准、幽默、不带感情地讲述所有的噩梦。

* 节选摘自韩瑞祥译本。

不，不会有人告诉他。约瑟夫·K唯一能做的，就是像格里高尔·萨姆沙一样想办法应对现状。但他有一点不同，他不甘心就这样接受命运，他想把事情搞明白，于是想尽办法去了解自己的案子。到最后，他什么也没打听到，但是为法庭工作的一位神甫（要说是一位犹太拉比也可以）给他讲了一个寓言故事。

在通往法的大门前站着一个守门人……有一个从乡下来的人走到守门人跟前，求进法门……守门人说，现在不能允许他进去……这人想了想之后又问道，那么以后会不会准他进去呢……

这是可能的，可是现在不行……

你不妨不顾我的禁令，试试往里闯！不过，你要注意，我只不过是最低一级的守门人！里面的大厅一个接着一个，层层都站着守门人，而且一个比一个强大！

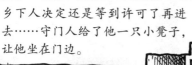

乡下人决定还是等到许可了再进去……守门人给了他一只小凳子，让他坐在门边。

他就坐在那儿等待，一天又一天，一年又一年……

乡下人准备了许多东西，希望能买通守门人。守门人都收下了。

这人几乎从不间断地注视着这个守门人。长年累月的观察，甚至使他跟守门人皮衣领子上的跳蚤也混熟了……

我收下这礼物，只是为了使你不会觉得若有所失……

求求你，帮帮我……求他让我进去好不好？

行刑的人来抓约瑟夫·K的那个晚上，他已不再抗议，甚至不再试图弄明白。卡夫卡笔下的主人公没有做出任何英勇的举动：

K给夹在他们俩中间，直挺挺地走着。这三个人结成了一体。这样一个整体，只能是无生命的东西的组合。

他们很快就出了城，一出城几乎都是广阔的田野，他们来到一个荒无人迹的小采石场……

两个人把K按倒在地，把他的头按在一块采下来的石头上。

接着，他们中的一个解开了大礼服，抽出一把又长又薄的屠夫刀，高高地举在手里，在月光下试了试刀锋。

一个人把刀从K的头顶上递过去，另一个人又把刀从K的头顶上传过来。

K现在看得很清楚，他应该一把夺过刀来，往自己的胸膛里一戳才是。但是，他没有这样做，而是扭扭脖子，他的目光落在采石场旁边那座房子的顶层上……

据说，卡夫卡为朋友们朗读《审判》的片段时，控制不住地笑起来。

1918年战争结束时,卡夫卡从小到大熟悉的一切多半已被永远地改变,或是随着帝国的崩塌而灰飞烟灭。战争中幸存下来的人,又有很多被西班牙大流感带走。这场病犹如20世纪的黑死病,造成了约2000万人死亡,其中大多数是年轻人,而且看起来很健康。病毒肆虐的环境可能导致卡夫卡的身体状况进一步恶化。

布拉格完全变了样，不再是波希米亚王国的一座城市，而是属于捷克斯洛伐克共和国。在这里，捷克民族主义者终于可以狠狠地展开反击。他们憎恶的波希米亚德意志人原本构成了当地的统治阶层，牢牢压制着大部分捷克劳动人口，确保自己享有高人一等的生活水准。现在，这些德意志人风光不再，德语也不可避免地沦为新秩序的牺牲品。有一天，当卡夫卡来到办公室……

说德语的捷克人被当即解雇，卡夫卡会捷克语，而且从未明确支持任何一方，在这波浪潮中奇迹般保住了工作。

德意志人在街上遭到攻击，店铺被洗劫。在捷克人看来，要报复"德意志人"，最好的目标莫过于犹太人。

11月，一场骚乱持续了三天，暴民冲进德意志国家剧院和犹太市政厅，毁掉了保存在那里的档案，仿佛是为日后将要发生的事做一场预演。他们还在老犹太会堂外，在泥巴人的面前，焚烧了希伯来古籍。新上任的捷克市长说这是"民族意识的展示"。

卡夫卡也在现场。

我在街上走了一下午，淹没在人们对犹太人的恨意里。他们被称作"污秽的民族"……离开难道不是正常的选择吗？留在这里就像是扮演英勇的蟑螂，坚守在卫生间里，拒绝被赶走……此刻，我望向窗外，骑警队做好了进攻的准备……

那些年里，六千多犹太人离开这个国家，去了巴勒斯坦。卡夫卡也不止一次动过这个念头，直到告别人世。

米莱娜·耶申斯卡（1896—1944）在 1919 年认识了卡夫卡，当时熟悉他作品的人，主要是常在布拉格的阿尔科咖啡馆聚会的一群文人。

阿尔科是欧洲大陆很出名的一个文学沙龙，卡夫卡是这里的常客，只是他本人觉得自己更像是这个圈子里的旁观者。弗兰茨·韦费尔、马克斯·布罗德等双语作家在这里，探寻捷克人与德意志人之间的纽带，欧洲各地的先锋文学作品在这里都有被朗读的机会。

常去阿尔科咖啡馆的人当中，有一个私生活混乱的文人，名叫恩斯特·波拉克，他的年轻妻子米莱娜与卡夫卡有过一面之缘，不过卡夫卡不大记得那次聚会了。

几年后,她成了卡夫卡作品的捷克语翻译,他的第一位非犹太女友,极少数在他生命中扮演重要角色的异教徒之一。米莱娜出生那年,他刚好13岁,所以卡夫卡认为她的降生是上天给自己的成年礼物。

虽然这种事外人不好评说,但米莱娜或许是他一生唯一真正爱过的女性。他的心迹在往来信件中表露无遗。他写给菲莉斯的信像是伪装成爱情的华丽文字,像是一位犹太皮格马利翁在用石头雕刻出自己的妻子。但是,写给米莱娜的信完全不同。

当然，他对自己的怀疑依然如迷宫般纠结缠绕。在 1922 年的一篇日记中，他写道：

我经常遇到的拒绝的姿态并不是说"我对你不感兴趣"，而是说"你不能爱我，不管你如何努力；你不幸地爱上了我，但是你不能爱我"。因此不应该说我知道"我爱你"这句话；我知道的只是应该由我说出"我爱你"。

尽管如此，他写给米莱娜的信总体而言相当直白，没有往常那么多的含糊字句和自我折磨。最重要的一点，从这些信中可以感觉到因为她的缘故，他意识到了自己内心的欲望，真心渴望她……

"因为我爱你……我爱这整个的世界，这个世界里有你的左肩——不，右肩优先（请你把碍事的衬衣拉开）……还有在林中，我靠在你几近赤裸的胸前，抬头便能看到的你的脸。"

米莱娜本身是作家和记者，同时也可以说是一名早期的女权主义者。过去卡夫卡把女性视作女武神式的吸血鬼，女性在他眼里代表了可憎的包括性行为的一切脏污。而现在，这个女人让他不得不重新认识女性的潜力，不得不面对自己内心的恐惧。

当她提议两人不要只是写信，希望在维也纳见面时，他和往常一样被吓坏了，罗列了各种借口说自己无法赴约。对此，她回信问他是不是犹太人。

卡夫卡再度坚信，"我们永远无法生活在一起，在同一间公寓里，身子挨着身子，同坐在一张桌前，我们甚至永远无法生活在同一座城市……"不过，"……虽不能生活在一起，至少我们可以一起幸福地躺下来迎接死亡"。

关于卡夫卡畏惧的"昆虫的那种病",不管两人进展到什么阶段(也可能没有进展),总之,米莱娜称"男人的事……就是床上那半个钟头"。

在这方面,她似乎比任何人都更了解卡夫卡。

"在了解他之前,我就已了解他的恐惧……在我身边的四天里,弗兰克丢掉了恐惧。我们甚至把恐惧当笑话讲。但是……只要恐惧还在,他永远无法健康地生活……这种恐惧不只是来自我,而是来自不知羞耻地存在于世间的一切,比如肉体。肉体太坦诚、太赤裸裸,让他无法直视……当他感觉到恐惧袭来,他会直直地看着我的眼睛,我们就这样等一阵……恐惧很快就会退去……一切简单明了……"

"我拉着他去维也纳城外的山上,我跑在前面,因为他走得太慢了,他在我后面,步子很重……闭上眼睛,我还能看到他的白色衬衫,晒红了的脖子,还有他努力走着的样子。他上坡下坡,走了一整天,一次也没咳嗽,晚上,他睡得很好。他完全是健康的样子,我们甚至觉得,他的病其实不过是一场伤风。"

不管米莱娜究竟对他有什么影响,我们有理由相信,在卡夫卡未完成的伟大作品中,有一个名叫弗丽达的角色是以她为原型创作的……

《城堡》

K抵达的时候,天色已很晚。村子被厚厚的积雪覆盖着。城堡山笼罩在暮霭和夜色中,变得毫无踪影,也没有一丝灯光显示巨大城堡的存在。K久久站在由大路通往村子的木桥上,仰视着似乎虚无缥缈的空间。*

* 摘自高年生译本,略有改动。

《城堡》是一部被反反复复解析的作品,评论家们用几十种语言,写了成百上千本书分析这本小说。这在一定程度上是因为小说本身没有完成,为后人解读作者意图留下了一块开放的空白领域。

不过,小说第一段就表明,卡夫卡开启了一个童话故事(他钟爱童话,读了一辈子),将带着读者进入一座迷宫。土地测量员 K(连"约瑟夫·K"都不是,就是简简单单的"K")像一位典型的"漫游者",被城堡中拥有无上权力的、没人见过的西西伯爵召唤到村庄。故事从一开始就已明确:他永远不可能进入城堡,他想做的事也会因为僵化的权力等级而重重受阻。

第二天早上……

"当 K 终于看到城堡时,城堡却令他失望……它既不是一座古老的骑士城堡,也不是一座新的豪华府邸,它只是一个相当简陋的小市镇,由许多村舍汇集而成,一群群乌鸦正绕着唯一的尖塔飞翔……"

为城堡效力的大部分官员都和伯爵一样冷漠,与村民们保持着距离。K 遇到当地的一位教师。

K 来到村庄，似乎是因为官僚体系的沟通出了岔子——他们很久以前曾想要一名土地测量员，但现在显然不需要了——但城堡还是给他派来了两名"助手"，阿图尔和杰里米亚，两个脑筋不正常的笨蛋，简直是直接从意第绪语戏剧里走出来的双胞胎兄弟。

K找不到合适的住处,他又累又困,农家姑娘奥尔加,"一个高大结实的少女",带他去了另一家客栈。

K挽着奥尔加的手臂,几乎是被她拖着走了……同她一起走是愉快的,K极力抗拒这种舒适的感觉,但是这种感觉却始终存在……

到了客栈,老板却告诉他所有房间都是"专门为城堡里的老爷服务的",他"哪儿也不准去,只能去酒吧"。

K被弗丽达吸引,问她认不认识克拉姆,城堡里一位有权势的官员。

弗丽达邀请K透过旁边门上的一个窥视孔偷看克拉姆。K看到了一个肥胖臃肿的中年男人,静静地坐在书桌前。

两人说话时,奥尔加一直在和几个庄稼人嬉闹,他们身材矮小,乍一看长得都很像。

"弗丽达把他们从院子轰到马厩里去了。"

K听到从门厅里传来脚步声,于是,他藏到了柜台下面。

她具有一种快乐和爽直的性格,这是K以前丝毫没有察觉的。

还没有等老板走出房间,弗丽达就已关掉电灯,钻到柜台下面K的身边。

时间一小时一小时地过去。在这段时间里，他们像一个人似的呼吸，两颗心像一颗心似的跳动。在这段时间里，K始终有一种感觉，好像自己迷了路，或是深入一个陌生的地方，在此之前，还没有人到过此地，这个地方连空气的成分都和他故乡空气的不一样，一个人会因为陌生而透不过气来。可是，在这种陌生的荒谬的诱惑下又只能继续向前走，越陷越深。

两人的狂欢突然被打断，"克拉姆的屋子里传出一个低沉、威严而又冷漠的声音"，在喊弗丽达。这时K并未感到惊恐，而是松了一口气。他叫醒弗丽达，告诉她有人叫她。

"我正陪着土地测量员呢！"她攥紧拳头去敲克拉姆的门并喊道。

我才不去呢……我决不会到他那儿去！

弗丽达一夜之间成了K的未婚妻，转头却又离开了他（与两名助手中的一个走了！）。不过，他的身边不缺女人，更不缺隐隐的暧昧。卡夫卡的作品里没有直接意义上的"性爱"，但从不缺乏心理上的挑逗。

他的目光落到阿玛丽亚身上，她的个子比他高得多，他得抬起头来看她。

奥尔加一直在他左右，K觉得她的妹妹阿玛丽亚的奇特遭遇很有意思。阿玛丽亚拒绝了一位城堡官员的追求，因此祸及全家。

小说进一步向迷宫深处发展。K遇见了培枇，接替弗丽达的酒吧女侍，她很突然地邀请K同住，和她以及两位房间女侍亨丽黛与埃米莉，住进贵宾饭店底层的一个小房间，那里"又暖和又狭小"，几个女孩子可以"更紧地挤在一起"。

现在我们有一个男人帮助我们、保护我们，他会使我们非常高兴……一切都得保密，这个秘密会使我们比以前更加心心相印……

来吧，哦，请到我们这儿来吧！

到春天还有多久？

到春天？我们这儿冬天很长，而且单调……可我们在下面并不抱怨冬天长……冬天奈何我们不得……嗯，春天总有一天会到来，还有夏天，可是，春天和夏天似乎都很短，不超过两天，即使是最美好的日子，有时也会下雪呢……

K还没来得及接受这份难以拒绝的邀请，住进子宫似的房间，小说中另一位不同寻常的女性——老板娘就走了进来，把他引入另一种压抑的情欲想象中。

你记不起来？先是气壮如牛，然后又胆小如鼠！我的衣服和你没有什么关系！

你昨天竟敢议论起我的衣服来了！

我记不起来……

老板娘带他去了一个小房间，一个巨大的衣柜占据了大半空间。

你究竟是干什么的？

土地测量员……

你没有说真话！你从来不说真话！

你也没有呀……我看到你是老板娘，但是穿着不合老板娘身份的衣服，这儿村子里再没别人穿这种衣服……它们款式过时了、旧了，和你的年纪、身材和地位全都不相称！

马克斯·布罗德认为可能的一种结局是，K在弥留之际接到城堡传来的指示，批准他在村子里生活、工作。关于这部作品会如何结束，以及卡夫卡为什么没有把它写完，研究者提出了无穷无尽的猜测。其实，卡夫卡怎么可能把它写完呢？

他开启了这座迷宫，作为一名作家，同时作为一个将死之人，他很可能并没有打算最终把它完成，或者，也可能他只是有心无力。这又有什么关系呢？这是当代最伟大的文学"旅程"之一，恐怕以任何方式"结束"都会让人觉得扫兴。

K从未放弃进入城堡的努力,城堡却离他越来越远。在《审判》和《在流放地》中,"法"做了评判和惩罚,而在《城堡》中,"法"完全是漠然的,从不显现。

卡夫卡把自己生活中的人物写进了小说:学校的老师、他的上司,他的父亲,这些人都在城堡的巨轮里扮演了令人费解的齿轮。不过,"夜间写作者"卡夫卡多半时间都在享受创作的过程,大概自己也不知道这段旅程会把他带到哪里。到了1922年8月,卡夫卡因为病痛以及无法"继续中断的思路"而精疲力竭,于是判处K永远地留在村子里,努力寻求城堡的接纳,到最后却像流浪的犹太人,依然不受人们欢迎。

《城堡》和卡夫卡的其他小说一样,仿佛有源源不断的女性"配角"在读者面前登场,并且不断重复主角对她们的莫名依赖。这与女性主义没有丝毫关系,卡夫卡从来都是站在男性角度看这些人物,这一点在他写作之初就已表达得相当明确。他曾说:"女人是陷阱,在各个角落等着男人掉进来,困在有限的空间。"

这种本能的贬损无疑源自恐惧。成熟女性尤其让他害怕,终其一生,他一直对少女大加赞美。他为少女感到难过,"因为她们终究要经历蜕变,变成女人"。

他作品中的女性角色,似乎都不是独立存在的个体,而是由他的想象孕育而生、来到世间的,让"K"或"约瑟夫·K"分心,诱惑他,设好陷阱等着他落进来。这些女性让卡夫卡对性爱的恐惧一次又一次经受考验,但是对他而言,她们的存在还有另一种意义……

小说主人公被迫在迷宫里寻找出路时,几乎在每一个场景之后——在借宿的地方、在律师那里、在客栈、在法院——总会有一位女性在等着他,以自己独有的方式给予他某种"安慰"。《城堡》中的奥尔加和培枇、《审判》中法院听差的妻子,都扮演了这样的角色。

在这些"陷阱般的"女子中,最明目张胆的一位是《审判》中的莱尼,她与K的关系比大多数人更深入了一步。莱尼的正式身份是律师的"女佣",但她在那里,似乎也是为了让所有被法院指控的男人想入非非,她对表现出心虚的人格外感兴趣……

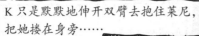

这些偶遇很少发展成"亲密的关系"（莱尼是个例外），作者要表达的重点是权力，而不是个人情感。卡夫卡多半只是暗示男女邂逅的情事，不会纵容小说人物沉溺于一种他认为"令人作呕且全然无用的"行为。

但卡夫卡毕竟是卡夫卡，这种邂逅正因为"恶心"而吸引了他。他在写给米莱娜的一封信里，把这一点表达得再清楚不过。信中讲述了他的第一次性体验，那是和布拉格的一名年轻女店员，姑娘显然在旅馆房间里说了或是做了"略微下流的事（不值一提）"……

……就在这时，他意识到，"厌恶和污秽"是这种事情"必要的组成部分"，吸引他的正是她的"一个小动作，不经意的一个词"。

"奥特拉用她的翅膀托起我，走过这艰难世间。"

在现实生活中，女性也为他提供了逃离父亲的一处**避风港**。这是一个异常沉重的担子，大部分都是他的妹妹奥特拉承担了。

她是卡夫卡生命中的"另一位"女性——或许可以说是最重要的一位,也代表了与作者认定的"肮脏"相对的一切。从外貌上说,她就像卡夫卡的女性翻版,从两人的合影可以看出他们的五官不可思议地相似。

在家里,奥特拉一直是卡夫卡唯一的慰藉。刚生病的时候,他去奥特拉在波希米亚北部祖奥拉经营的农庄里,住了一段时间。在那里,用他自己的话说,他们建立了一种"平凡而美好的关系,没有日常的极度压抑,而是……像清澈的径直缓缓向前的水流"。

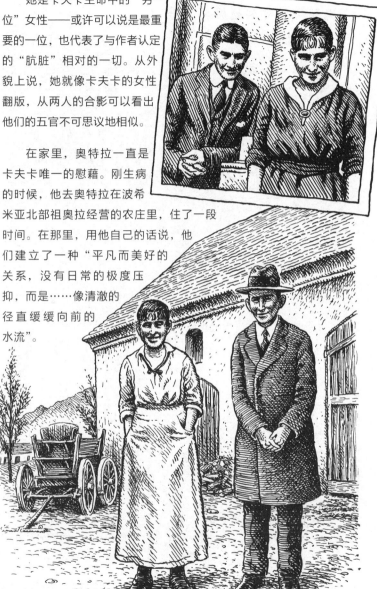

有一阵,他考虑过,要不要转行种土豆……

……不行的话,他还可以去巴勒斯坦……

"我梦想去巴勒斯坦做农民或工匠……在安详美丽的地方过一种有意义的生活……我很喜欢刨木头的味道,喜欢锯子的歌唱、锤子的敲打……脑力劳动会让人脱离人类社会。"

对于他，应许之地将永远只是一个梦。他的想法倒是很有他的特点——他至少可以伸出手指，在地图上触摸到那个地方。

1922年，他39岁那年，肺结核迫使他从保险协会提前退休。奥特拉又照顾了他一阵，但总的来说，生病导致的出血正在把他一步步推向死亡。

生命的最后一段时间里，卡夫卡的心变得前所未有地平静。可能是因为他确实变了，也可能是因为他终于找到了一个可以共同生活的女人，总之1923年，他与19岁的多拉·迪亚曼德（1904—1952）一同移居柏林。多拉出生在一个正统派犹太教家庭，独立的性格让她离开了自己成长的犹太社区。因为她的缘故，卡夫卡重新对犹太教产生了兴趣，甚至认真读了一点《塔木德》。

卡夫卡似乎真的适应了与多拉在一起的生活，这也许是因为他不需要像塑造菲莉斯那样，凭着自己的想象去塑造多拉，也不需要给她写信："我人生中所有的痛苦都源自信件……"

两人梦想着有朝一日搬到特拉维夫去，在那里开一间犹太餐厅，多拉负责做菜，卡夫卡——没错，卡夫卡——负责招待客人！

最后几个月的平静生活里，卡夫卡其实一贫如洗。历史的风暴即将袭来，而他们正处在风暴的中心。

柏林，1923！

刚到柏林的时候，卡夫卡认为自己摆脱了逼他写作的幽灵："它们一直在找我，但目前，它们找不到我。"这些幽灵偷走信里的吻，似乎也像吸血鬼一样吸走了他脑子里的词语和想法。不久之后，他把许多手稿拿给多拉，让她烧掉。不过，幽灵们还是回来了，在某个晚上逼着他——配合他的心境——写出了《地洞》。

与此同时，他的肺结核转移到了喉部。在最后的几个月里，他只能写字条与人沟通，几乎吃不下任何东西。1924年4月，他被转到维也纳附近的一家疗养院，但身体状况持续恶化，直至6月。

到最后，他固执地要求医生给他注射吗啡止痛。

卡夫卡最后一次恢复意识时，拿掉放在自己脖子上的冰包，扔在了地上。

三天后，米莱娜·耶申斯卡在他的讣告里这样写道："一个注定要以雪亮清透的目光审视世界的人，当他发现这个世界让他无法忍受，便迎向了他的死亡。"

1924年6月,在他被**饥饿**蚕食的同时,一向爱嘲弄人的"幽灵们"敦促他修改了一份校样,这是一部令人惊叹的杰作,叫作……

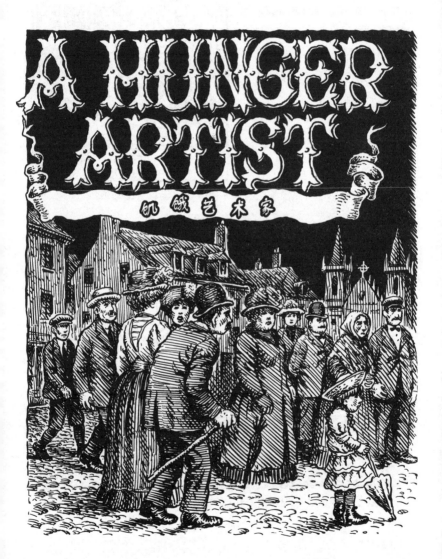

近几十年来，人们对饥饿表演的兴趣大为淡薄了。从前，饥饿艺术家风靡全城，有些人甚至买了长期票，夜间也有人来观看，在火把照耀下别有情趣。*

有几个固定的看守人员，一般都是屠夫，他们看着他，绝不让他有任何偷偷进食的机会。不过，饥饿艺术家在饥饿表演期间，不论在什么情况下都是点食不进的，你就是强迫他吃，他都是不吃的。他的艺术荣誉感禁止他吃东西。除了他自己之外，没有人知道：饥饿表演是世界上最轻而易举的事。

* 摘自叶廷芳译本。

经理规定的饥饿表演的最高期限是四十天,因为再往后观众就皮了。所以到了第四十天,观众兴高采烈,挤满了半圆形的露天大剧场,军乐队高奏乐曲,上来两位年轻的女士,要扶着艺术家从笼子里出来。在这种时刻,他总是加以拒绝……刚到四十天,为什么就要停止表演呢?!他还可以坚持得更长久,甚至超越他自己,达到常人难以理解的高峰,为什么要剥夺他达到这一境界的荣誉呢?他觉得自己的饥饿能力是没有止境的!

接着开始就餐，经理在饥饿艺术家近乎昏厥的半眠状态中给他灌了点流食，同时说些开心的闲话，以便分散大家对他身体状况的注意力。

然后，据说饥饿艺术家对经理耳语了一下，经理就提议为观众干杯。

他就这样度过了许多岁月，扬名四海，却内心苦闷。他伤心丧气，因为他们不肯让他的饥饿表演超过四十天。他的心情通常是阴郁的，如果有个好心肠的人想向他说明，他的悲哀可能是由于饥饿造成的，他有时会用暴怒来回答，像只野兽似的猛烈地摇撼着栅栏。

随着时间的推移，人们开始涌向别的演出场所，他们厌弃了饥饿表演。饥饿艺术家没法改行干别的职业，因为他对于饥饿表演这一行爱得发狂。于是他告别了经理，让一个大马戏团招聘了去，他的笼子被安插在场外，离兽场很近。

即使感觉最迟钝的人看到在弃置了如此长时间的笼子里,这只凶猛的野兽不停地蹦来跳去,他也会感到赏心悦目。看守们用不着思考良久,就把它爱吃的食料都送来了。

它似乎没有因为失去自由而惆怅。它那高贵的身躯,应有尽有,好像连自由也随身带着,就藏在牙齿中某个地方。它生命的欢乐随着它的喉咙发出如此强烈的吼声而产生,以致观众感到很是受不了。但他们克制住自己,挤在笼子周围,舍不得离去。

后 记

《饥饿艺术家》是极少数被卡夫卡赦免的作品之一,他曾嘱托马克斯·布罗德在他死后将他的作品,包括所有手稿和文件,全部**烧毁**。这样看来,他始终在想办法把自己**解决掉**。不过,作家 J. L. 博尔赫斯说过一句很有道理的话:如果他真心想要一堆火,为什么不干脆自己划根火柴?

不管怎样,我们知道布罗德并没有遵从卡夫卡的遗愿,而是着手整理、编辑在当时让人摸不着头绪的乱纸堆:没有编号或顺序混乱的章节、相同内容的不同版本、废稿、没有标题的作品(我们看到的很多标题都是布罗德后来添加的)。

1996 年,德国的卡夫卡研究者在更准确、更贴近现代理解的基础上,开始编辑一套全新版本的卡夫卡作品集。

留在多拉·迪亚曼德手里的作品却没有这么"幸运"。1933 年,她在柏林的公寓突遭搜查,手稿都被抄走了。就像是老天开了个玩笑,卡夫卡的遗愿很可能由焚烧书籍的盖世太保完成了。

米莱娜·耶申斯卡和卡夫卡的三个妹妹都被送进了集中营,在那里死去。奥特拉原本有机会脱身,她的丈夫不是犹太人,但她选择了离婚,与家人待在一起。卡夫卡如果在世,肯定也逃不过纳粹的大屠杀。

至于卡夫卡的犹太区,阿道夫·希特勒在亲手清除这个民族之后,认为可以把这里变成一处"灭亡民族纪念地"。结果,虽然说起来有点怪异,不过他给后人留下了现在的布拉格犹太博物馆。

卡夫卡本人则是慢慢地化身为一个**形容词**，知道这个词的人远比读过卡夫卡的人多得多。一个重要的原因，说实话，是他的名字本身很好听，再加上德语里带"K"的词读起来铿锵有力，很容易在公众意识里留下印记。

（参见第3页）

（卡夫卡曾在日记中写道："我觉得'K'这个字母很无礼，甚至有点恶心，但我还是用了它。"）假如他的名字是施瓦茨，或格罗津斯基，或布卢门塔尔，他还会变成那么有力的一个**形容词**吗？

卡夫卡父亲经营的男装店及纺织品公司曾在信纸抬头使用这个寒鸦标志（*kavka* 在捷克语中意为"寒鸦"）。

"卡夫卡式"如今有多层含义，并非全都与弗兰茨·卡夫卡有关。常有人觉得他有点阴郁可怕，也有人认为他是写神秘题材的作家，或者是奥威尔之前的一位目光深远的作家，勾勒出官僚主义和独裁统治之间的界限。20世纪90年代初拍摄的一部电影滥用他的名字，在片中讲述了他进入城堡，见到一位疯狂的科学家妄图借助脑叶切断术控制全世界。

现在有一门文艺科学叫"卡夫卡学",教授们则自称"卡夫卡学家"。单是**关于**卡夫卡的著作就有成千上万本,其中有很多阐述了他如何在荒诞的宇宙里寻找上帝和存在的意义,或是在官僚时代寻找独立的自我。有一位美国心理学家认为,卡夫卡的文字中隐含着所有能想到的性幻想……

在卡夫卡的启迪下,也诞生了一些真正值得喝彩、有深刻见解的作品,例如恩斯特·帕维尔的《理性的梦魇》、埃利亚斯·卡内蒂的《另一种审判:关于卡夫卡》和彼得罗·奇塔蒂的《卡夫卡》。里奇·罗伯逊的《卡夫卡:犹太教、政治及文学》为了解卡夫卡的犹太根源提供了很好的参考,法国评论家玛尔特·罗伯特针对卡夫卡与布拉格的关系做了非常出色的研究。

不过，有史以来第一位，也是最优秀的一位"卡夫卡学家"是……弗兰茨·卡夫卡。关于他，后人说过、写过的一切几乎都能在他的《致父亲的信》（1919年）中找到，从这封信中可以清清楚楚地看到，他人生中的一切——所有的**一切**——都逃不过他父亲的严厉目光。

在这篇不寻常的作品中，卡夫卡一点一滴地回顾了童年及成年以后的生活，恳请父亲和他一起审视过去。"你最近曾问我，我为什么怕你……"他在信的开头这样写道。然后，他给出了足足五十页的"答案"。

用他自己的话说，这时的他成了"一段活过来的记忆"。在现代文坛或许找不出另一个像他这样的人，对自己的过去以及神经症有如此透彻的理解。

《致父亲的信》呈现了不可思议的自我揭示，卡夫卡在 1910—1923 年间写下的日记，虽然充斥着自我观察的零碎片段，但远远无法与之相比。因为这封信并不是简单记录对父亲的畏惧，而是他在成年以后借助写信鼓起勇气，做了个总结。在控诉父亲的同时，卡夫卡一如既往地搜罗了五花八门的理由谴责自己。

他永远不可能成为进攻的一方，他的本能会立即把进攻转变为**自残**……

如果父亲解下背带挂在椅背上，准备抽打孩子，但又在最后一刻决定饶过他，这孩子便会觉得自己欠了父亲的恩情。当赫尔曼·卡夫卡对自己雇用的捷克人态度恶劣，弗兰茨会替他感到歉疚："就算我这样一个无足轻重的人……去舔他们的脚，也不足以弥补你，作为主人的你，对他们的谩骂。"

因为父亲，他一辈子没有自信，只有漫无边际的负罪感。回首这一切，他想起小说《审判》的最后一句，当刀子刺穿约瑟夫·K 的身体，"仿佛他死了，这耻辱还将留在人间"。

卡夫卡当然没有胆量把这封"信"直接交给父亲，于是把这项任务拜托给了母亲。母亲读过之后，觉得还是还给写信人比较妥当，永远不要交到真正的收信人手中。

关于卡夫卡与捷克斯洛伐克这个国家的关系，说得保守一点，是暧昧不清的（至今依然如此）。布拉格可以说是他的宇宙中心，他在这里出生，几乎在这里过了一辈子，但是，布拉格却极少以本来面貌出现在他的作品里。他**从来没有**明确提到这个名字，也没有在小说中描述过它。

在少有的一个似乎提及布拉格的故事——《城徽》里，它在卡夫卡笔下是这样的："由这座城市诞生的传说和歌曲都饱含着一种期盼，盼着预言里说的那一天。到那时，将有一只巨大的拳头飞快地猛砸五下，把城市砸得粉碎。"

甚至在《审判》中，故事表面看来像是发生在布拉格（依然没有提及名字），书中呈现的沉闷环境很难说是对一座著名国都的赞美。小说描述的一切都让人感觉阴郁，那些美丽的教堂和纪念建筑也一样。

卡夫卡这样刻意省去城市的名字，并在1919年捷克斯洛伐克共和国成立之后仍坚持用德语写作，捷克人因此并不喜欢他。在他死后的十年里，在他的国家见不到一本他的书，那时他的作品也很少被翻译成捷克语。

第二次世界大战结束后,莫斯科扶持下的新政权在1948年建立,卡夫卡成了当局的眼中钉。当时很有影响力的马克思主义批评家格奥尔格·卢卡奇曾谈到他的"有美感但颓废的现代主义",认为他的作品显然不符合所谓的"社会主义现实主义"创作原则,即结合社会主义思想忠实地呈现现实,这样一种艺术的"主义"更偏重政治利害,而非实际内容。

不过,仍有持不同政见的人在读卡夫卡,这种行为真正的危险之处恰恰在于,他们把卡夫卡当作了一位**现实主义作家**。

苏联模式下的社会主义即将胜利,资产阶级的卡夫卡已经过时,那么,禁止发行他的作品,就成了顺理成章的事。

1963年,卡夫卡诞辰80周年之际,一场"卡夫卡大会"在离布拉格不远的利布莱茨召开,宣称要为卡夫卡平反。著名评论家恩斯特·菲舍尔在开幕致辞中说:"我们需要补补课。卡夫卡是关系到每一个人的作家。"与会者随后发表了一系列论文,重新树立卡夫卡在欧洲文坛的地位——指出他参与了布拉格德语文学界发起的运动,为发扬人文主义传统、反抗帝国主义的兴起做出贡献。

然而赋予他的荣誉只是昙花一现,在 1968 年的"布拉格之春",以及这场运动在苏联坦克碾压下宣告终结之后,也就被收回了。卡夫卡的作品再度被禁,他在斯特拉施尼茨犹太公墓的长眠之地倒是受到了保护,大概是为了吸引游客。

　　20世纪90年代，在布拉格，他的作品不再是禁书（尽管不一定有人看），你在旅游区的每一个街角都能买到卡夫卡T恤，或是有卡夫卡像的盘子、手工木雕。你可以体验"卡夫卡之旅"（"与卡夫卡共进午餐"——真的），可以走遍他走过的每一处布拉格的地标。不久之后，你还能吃到做成巧克力的卡夫卡，就像萨尔茨堡的莫扎特一样。

　　（还好，最近在旧城广场成立的弗兰茨·卡夫卡协会，真正致力于传承布拉格的犹太文化遗产，在这种大环境下可谓一股清流。）

在这个"新布拉格",借鉴了美国模式的旅游文化蓬勃发展,这里渐渐变得有一点像……

俄克拉荷马
自然剧院

……卡夫卡想象中捷克版本的新世界,"每个人都有机会"是其基本原则。这样一个**许诺未来**、有着无尽好运的地方,是旧世界的特殊憧憬,也构成了卡夫卡未完成的作品中最后的残章。这是他在 1912 年至 1913 年写的一部小说,叫《失踪的人》,马克斯·布罗德将书名定为《美国》。

卡夫卡想写一本小说,展示"最现代的纽约",现代到伊斯特河上的大桥可以直通波士顿!在小说的第一页上,年轻的主人公卡尔·罗斯曼第一次见到自由女神像时,女神手中竟握着一把剑(!),她"高举起那执剑的手臂,自由的空气顿然在她的四周吹拂"*。

* 摘自韩瑞祥译本。

罗斯曼"被他的父母发落去美国,因为一个女用人勾引了他,和他生了一个孩子"。正如卡夫卡那位布拉格旅馆里的女店员,罗斯曼家的女用人也是做了一点"不值一提"的事,把他引上了自己的床,当事人心里依然半是渴望半是厌恶。小说开头第一句话就向读者交代了这件事,于是我们知道这是进入了卡夫卡的世界,中心人物在没有犯错的情况下受到了惩罚。

至于这次的惩罚为什么叫"美国",以及为什么罗斯曼要被发落到离家乡波希米亚那么远的地方,我们无从确定。不过,卡夫卡和那个时代的很多欧洲作家一样,借创作的机会畅想一辈子无缘造访的那片神秘土地,按照自己的想象去塑造它。

卡夫卡曾说他写的《美国》,是以《大卫·科波菲尔》为参照,但其实,罗斯曼更像现代的匹诺曹——一个被放逐的不懂世故的人,在邪恶的**现实世界**里寻找自己的方向,在所有骗子和趁火打劫的人眼里都是一块肥肉。

当船停靠在纽约的港口,卡尔见到了舅舅雅各布,他是一名白手起家的移民,已经当上了参议员,在故事里是一个代表权威的人物,似乎与赫尔曼·卡夫卡不相上下。罗斯曼不由自主地开始反抗,拒绝服从他和书中的其他家长式的人物。

雅各布舅舅介绍他认识了一位波隆德先生，这位纽约富豪开车带他出去，让卡尔第一次真正看到了奇特的美国风光……

"……人行道和车道拥挤不堪，大家不时地变换着方向，犹如被卷进了一股追逐喧嚣的旋风里，这喧嚣不像是人为的，而像是一种陌生的自然力……终于来到城郊，他们的车子一再被那些骑着马的警察引向小道，因为大街被正在罢工游行的钢铁工人堵塞了……他们的车子从一条条昏暗的巷子一出来，便横穿过一条犹如广场似的大街，沿着这条街的两旁，呈现出谁也望不到边的景象：缓缓流动的人群把人行道挤得水泄不通，他们齐声歌唱着，比单独一个人的声音还要整齐……"

波隆德把卡尔带回家,介绍他认识了自己的女儿克拉拉,她是欧洲男孩梦想(或梦魇)中的那种典型的美国女孩。

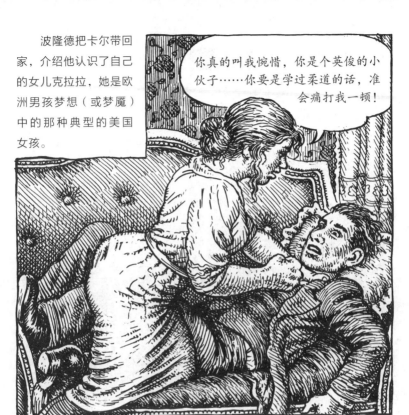

你真的叫我惋惜,你是个英俊的小伙子……你要是学过柔道的话,准会痛打我一顿!

与舅舅闹翻后,卡尔独自上路,遇见了一对骗子——爱尔兰人罗宾逊和法国人德拉马舍,两人一步步骗走了他仅剩的一点财产,包括母亲给他装在行李里的威罗纳色拉米香肠。

罗斯曼摆脱这两个骗子之后，又一位女性——卡夫卡笔下"安慰"的化身——收留了他，这次是一家饭店的女总管。

您听着，您愿不愿意在这饭店里做事呢？

他和许多同类小说中满怀雄心去美国的年轻人一样，做了一名电梯工。不过，这不是一份普通的工作。这家饭店里起码有三十部电梯！卡尔当班的时候，一干就是十二个钟头，要打瞌睡都只能站着打。他会去拉拽电梯里的绳索，加快运行速度，免得客人去坐其他电梯。

电梯工都受到门卫长的欺压，这是一个有施虐倾向的暴君，唯一的职责就是惩罚他们……

你每次都必须向我打招呼，一次也不能例外！你同我说话的时候，必须把帽子拿在手里！你必须任何时候都要用"门卫长"来称呼我，而不能用"您"，每次都得这样——少一次也不行！

每次？

卡尔在工作中犯了错,门卫长开除了他,还对他又打又骂……

他无处可去,只能去罗宾逊和德拉马舍的住处,他们和一个名叫布鲁纳尔达的肥胖女人住在一起,卡尔在这间公寓里成了囚犯。

他在新世界里迷失了方向,没有朋友,没有钱,他很想家,直到有一天,他看见一张海报……

罗斯曼决定去应聘，到了地方，这里有 200 个（！）招募新人的接待台，他走向其中一个。被问到名字时，他用了以前工作时用过的绰号……

所有人，不管什么样的人，在俄克拉荷马自然剧院（"自然"一词是马克斯·布罗德添加的）都有无尽的工作机会。装扮成天使的舞女在巨大的宴会桌前吹奏小号。布罗德认为，如果卡夫卡写完了这本书，罗斯曼应该借助"神奇的力量"重新找到了"他的职业、自由和完整人格，他和父母及故乡的联系也能恢复"。

不管怎样,总之卡尔被录用了——所有人都被录用了——踏上了从东部开往俄克拉荷马的火车,卡夫卡再次呈现了欧洲人对美国地貌的奇异想象……

"头一天,他们驶过一座高山……人们把身子探出窗外,徒劳地寻视那悬崖峭壁的顶峰……宽阔的山间河流奔泻而来,在连绵起伏的丘陵上掀起一排排大浪,擦着火车驶过的桥下奔腾而去,卷起的一股股寒气拂面而来。"

对于一个捷克出生的犹太青年（他一辈子没去过比意大利湖泊更远的地方），想象中的美国有如童话般的国度。同样的想象似乎又出现在了后社会主义时代的布拉格，为了梦想破灭、欲望被压抑、与世界缺少交流的那些年，这座城市正在努力补偿自己。

虚幻的美国梦里，人人拥有无限可能，拿着信用卡可以买到一切。从某些方面来说，这个梦取代了过去四十年里强加给这座城市的虚假"现实"。

如今的布拉格老城有一个美国街区,这里有自己发行的日报,有芝加哥风格的比萨店,有街区 T 恤（*"Czech'em out！"*[捷克人出去！]）,还有"铁幕"终结之后喜欢麦当劳的新一代捷克人。

这是布拉格自然剧院——每个人都有机会——卡夫卡也在庸俗潮流中找到了自己的位置。多年来,他一直被无视,或者被社会抛弃,现在,捷克共和国终于发现了这个古怪的犹太孩子。他不再是危险分子,而是忽然之间成了吸引游客的**摇钱树**。卡夫卡要是还活着,一定会哭笑不得。

索引

Amerika 《美国》 74, 164—172
animals, transformation 变身动物 54
anti-Semitism 反犹太主义 19—23

Baal-Shem-Tov 巴尔-舍姆-托夫 17
Bauer, Felice 菲莉斯·鲍尔 61—64, 66—67
Bloch, Grete 格蕾特·布洛赫 63
Bohemia, and Prague 波希米亚及布拉格 95
Brod, Max 马克斯·布罗德 3, 99, 152, 164, 170
Burrow, The 《地洞》 55—56, 147

Café Arco 阿尔科咖啡馆 99
Castle, The 《城堡》 107—126
Czechoslovakia formed 捷克斯洛伐克共和国成立 95
Czechs and Kafka 捷克人与卡夫卡 159

David Copperfield 《大卫·科波菲尔》 165
death 死亡 141
  fantasy about 想象死亡 1—2
  in *The Judgment* 《判决》中的死亡 33—34
Diamant, Dora 多拉·迪亚曼德 137, 139, 153
diaries 日记 157

Eliezer, R. Israel ben (Baal-Shem-Tov) R. 以色列·本·以利撒 17
erotica 情色 131

First World War 第一次世界大战 83—85
  end "一战" 结束 94
Fischer, Ernst 恩斯特·菲舍尔 161
Franz Kafka Society 弗兰茨·卡夫卡协会 163

Germans persecuted 德意志人遭迫害 96
ghetto, the 犹太聚居区 14—15, 153
Golem 泥巴人 10—13
Golem, The 《泥人》 14

Hasidism 哈西德主义 16—17
Hilsner, Leopold 利奥波德·希尔斯纳 21
humiliation 羞辱 72
Hunger Artist, A 《饥饿艺术家》 142—152
hypochondria 臆想症 57

illness 病痛 57—58
industrial accidents 工伤事故 67—69

Jesenska, Milena 米莱娜·耶申斯卡 63, 99—107, 141, 153
Jews 犹太人
  hatred of 对犹太人的憎恨 19—23
  Kafka's origins 卡夫卡的出身 16
  and ritual murder 杀人祭神 20—21
  self-hatred 自我厌恶 23
  Zionism 犹太复国主义 5
Josefov 约瑟夫城 6
Judgment, The 《判决》 27—33

Kabbalah, The 卡巴拉 9
Kafka 《卡夫卡》 155
Kafka Congress 卡夫卡大会 161
Kafka, Franz 弗兰茨·卡夫卡
  birth 出生 4
  body-building 锻炼身体 58
  death 辞世 141
  destruction 毁灭 1—2
  engaged 订婚 61, 64—65
  employment 就职 67—70

fantasies of self-destruction 关于自我毁灭的想象 1—2
father 父亲 16, 24—26, 61, 66—67
poverty 贫困 138
psychologist's view of 心理学家的看法 155
reestablished 重塑地位 161
relationships 恋爱关系 63
religion, attitude to 对宗教的态度 16
self-deprecation 自我贬低 23—26, 34—35, 60, 157
sister 妹妹 133—134, 153
as tourist attraction 吸引游客 163, 173
at university 上大学 67
as vegetarian 食素 59
works banned 作品被禁 162
Kafka, Hermann 赫尔曼·卡夫卡 参见 Kafka, father
Kafka, Ottla (sister) 奥特拉·卡夫卡（妹妹） 133—134, 153
Kafka: Judaism, Politics and Literature 《卡夫卡：犹太教、政治及文学》 155
"Kafkaesque" "卡夫卡式" 3, 23, 154

Letter to His Father 《致父亲的信》 156—157
Letters to Milena 《写给米莱娜的信》 100—102
Loew, Rabbi Judah 拉比犹大·勒夫 7—8, 10
Lukacs, Georg 格奥尔格·卢卡奇 160

Maharal, the 马哈拉尔 7
Metamorphosis 《变形记》 37—54
Meyrink, Gustav 古斯塔夫·梅林克 14
Murders 谋杀事件 20—21
"nature theatre" "自然剧院" 164, 170—171, 173
New York 纽约 164—166
Nightmare of Reason, The 《理性的梦魇》 155

Palestine 巴勒斯坦 97, 135—136
paranoia 妄想症 56
Penal Colony, In the 《在流放地》 73—76
Polack, Ernst 恩斯特·波拉克 99
power 权力 72
Prague 布拉格 4, 6—7
  after the First World War 第一次世界大战之后 95
  Americanized 美国化 173
  "new" "新布拉格" 163—164
  "Prague Spring" "布拉格之春" 162
psychologist's view of K. 心理学家对卡夫卡的看法 155

religion, attitude to 对宗教的态度 16
ritual murder 杀人祭神 20
Rossman, Karl, character 小说人物卡尔·罗斯曼 164—172

Samsa, Gregor 格里高尔·萨姆沙 参见 *Metamorphosis*
Scholem, Gershom 格肖姆·舒勒姆 9
Second World War 第二次世界大战 160
sex 性爱 36
  with Milena 与米莱娜 105
  The Trial 《审判》 131
socialist reform 社会主义改革 160—161
Spanish flu 西班牙大流感 94
submission 服从 72

Trial, The 《审判》 86—93
  and *Penal Colony* 与《在流放地》 75
  Leni 莱尼 127

Prague 布拉格 159
tuberculosis 肺结核 136, 141

vegetarianism 素食主义 59
Verschollene, Der 参见 *Amerika*

war 战争 参见 First World War; Second World War

women 女性 125, 131
writing 写作 71

Yiddish, K.'s interest in 卡夫卡对意第绪语的兴趣 18

Zionism 犹太复国主义 5

图画通识丛书

第一辑

伦理学
心理学
逻辑学
美学
资本主义
浪漫主义
启蒙运动
柏拉图
亚里士多德
莎士比亚

第二辑

语言学
经济学
经验主义
意识
时间
笛卡尔
康德
黑格尔
凯恩斯
乔姆斯基

第三辑

科学哲学
文学批评
博弈论
存在主义
卢梭
瓦格纳
尼采
罗素
海德格尔
列维-斯特劳斯

第四辑

人类学
欧陆哲学
现代主义
牛顿
维特根斯坦
本雅明
萨特
福柯
德里达
霍金